3 rue de l'église, 91430 Igny
Dépôt légal : Août 2021
ISBN 978-2-492960-03-1
Imprimé à la demande par Amazon
Loi n° 49-956 du 16 juillet 1949 sur les publications destinées à la jeunesse

bread
pain umukate

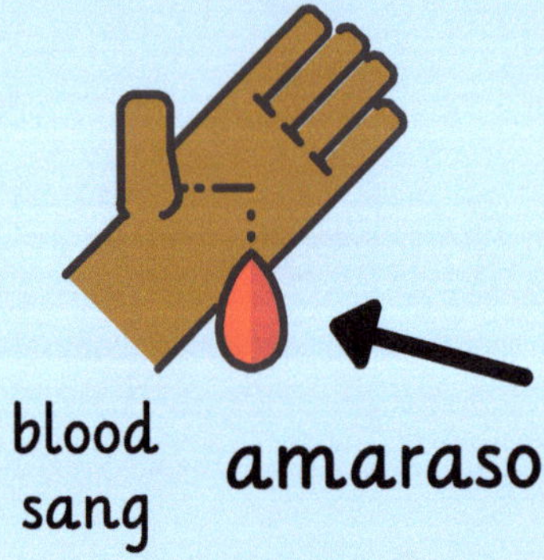

blood
sang amaraso

A a

cat
chat akayabu

glasses
lunettes amarori

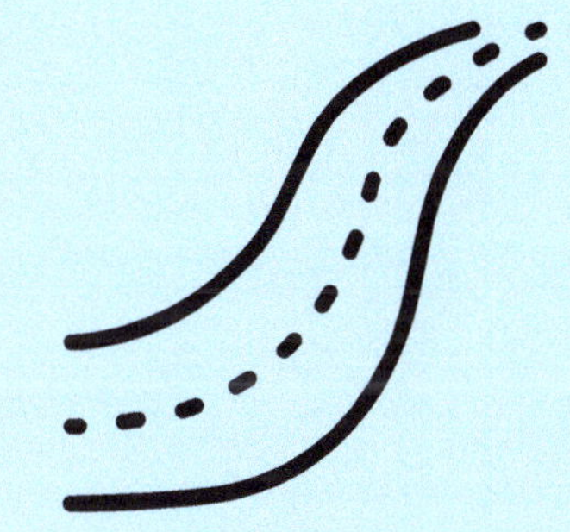

road
route **ibarabara**

B b

stone
pierre **ibuye**

leaf
feuille **ibabi**

light
lumière umuco

spear
lance icumu

C c

mirror
mirroir icirore

rice
riz umuceri

nest
niz icari

medal
médaille umudari

D d

car
voiture umuduga

pearls
perles akadede

money
argent   amahera

E e

letter
lettre   ikete

horse
cheval

ifarasi

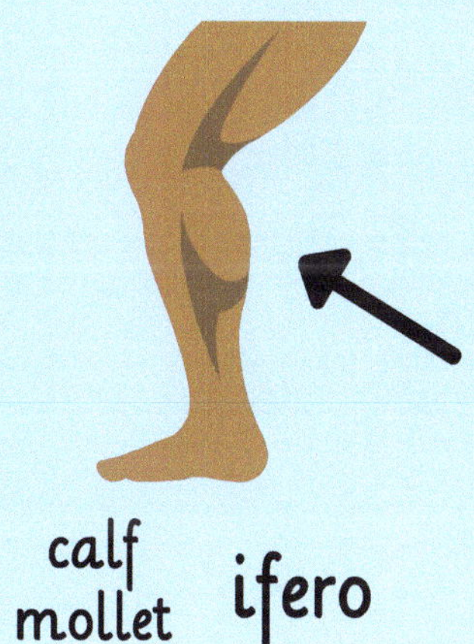

calf
mollet

ifero

F f

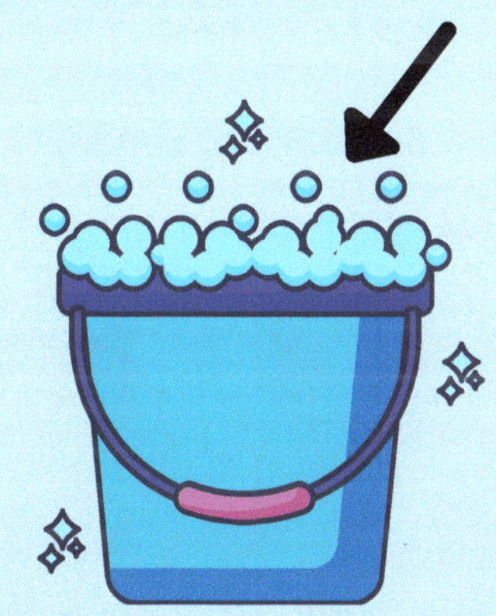

foam
mousse

ifuro

fish
poisson

ifi

man
homme umugabo

bride
mariée umugeni

book
livre igitabo

G g

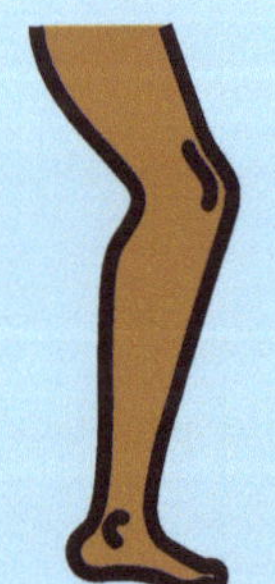

leg
jambe ukuguru

hole
trou ikinogo

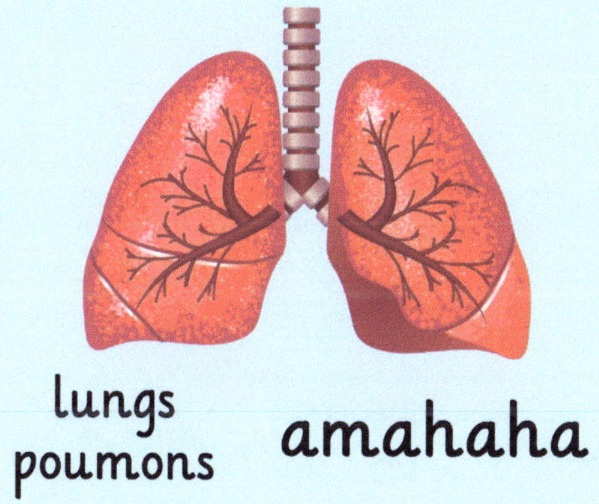

lungs
poumons
amahaha

earring
boucle d'oreille
ihereni

H h

glass
verre
ikirahuri

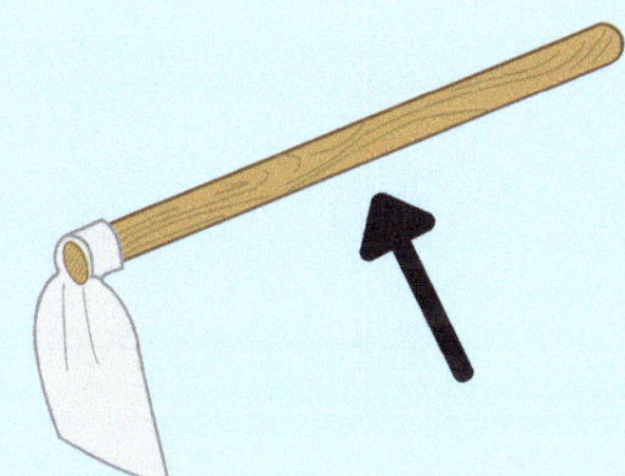

handle
manche
umuhini

board
tableau
urubaho

nose
nez   izuru

fireplace
foyer   iziko

I i

coat
manteau   ikoti

bottle
bouteille   icupa

jerrican
jerrican **ijerikani**

J j

night
nuit **ijoro**

sky
ciel **ijuru**

sack
sac   umufuko

umbrella
parapluie   umutaka

K k

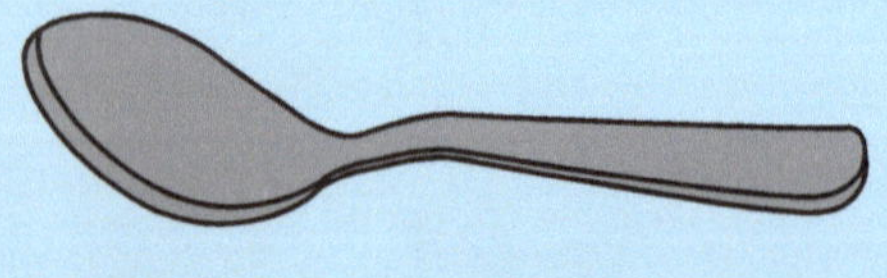

spoon
cuillère   ikiyiko

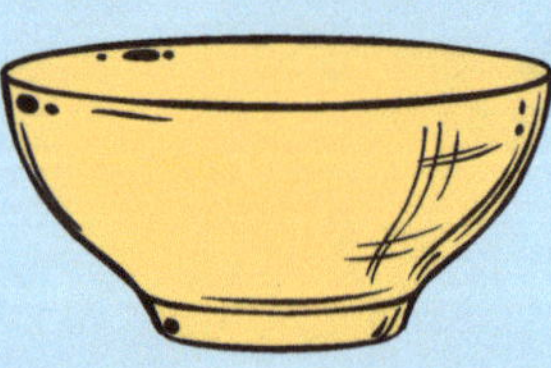

bowl
bol   ibakure

milk
lait **amata**

meter
mètre **imetero**

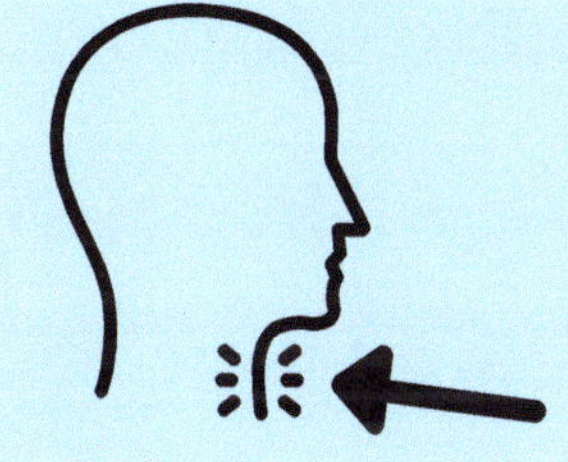

throat
gorge **umuhogo**

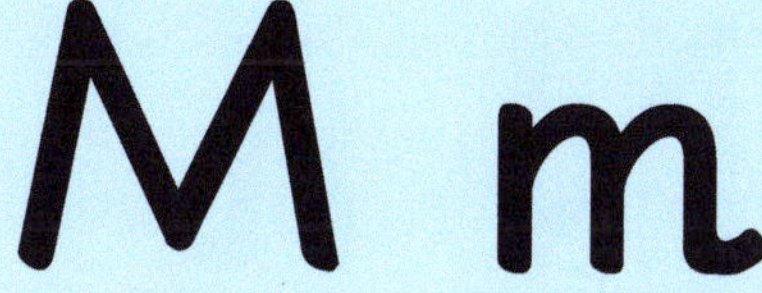

M m

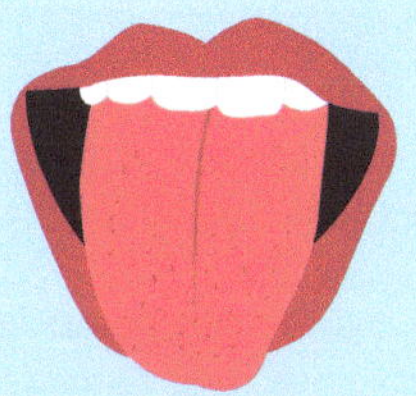

tongue
langue **ururimi**

car
voiture **imodoka**

tower
tour

umunara

plate
assiette

isahani

N n

pigeon
pigeon

inuma

banknote
billet

inoti

hospital
hôpital

ibitaro

corn
maïs

ikigori

O o

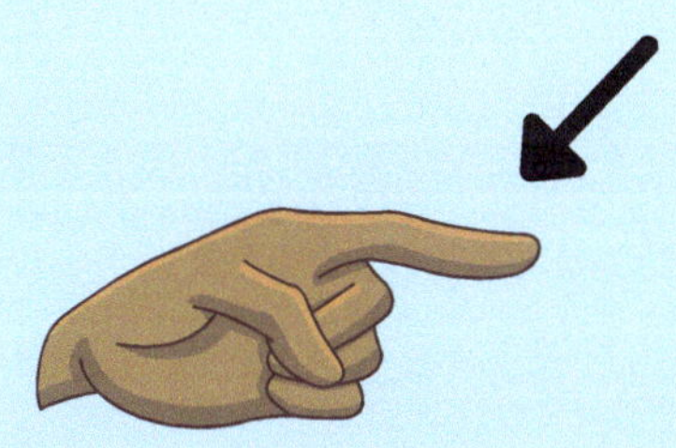

finger
doigt

urutoke

banana leaf
feuille de bananier

umutoto

priest
prêtre   umupatiri

guave
goyave   ipera

tin can
boîte de conserve   igikopo

P p

ball
ballon   umupira

paper
papier   urupapuro

beans
haricots **ibiharage**

frog
grenouille **igikere**

R r

door
porte **urugi**

bed
lit **uburiri**

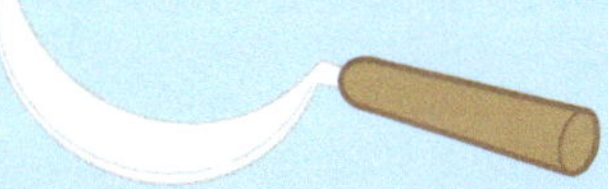

sickle
faucille **umuhoro**

clock
horloge **isaha**

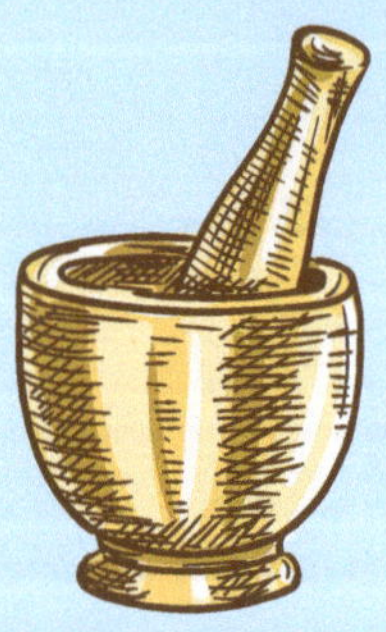

mortar
mortier **isekuro**

hoe
houe **isuka**

S s

torch
torche **isitimu**

mountain
montagne **umusozi**

lamp
lampe **itara**

cover
couvercle **umutemere**

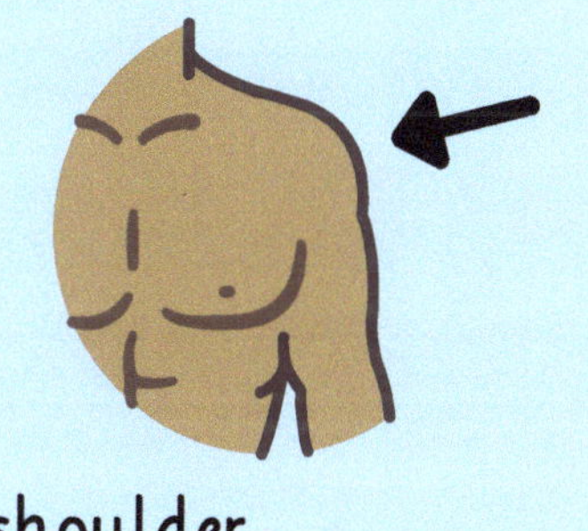

shoulder
épaule **urutugu**

T t

cupboard
armoire **akabati**

green banana
banane verte **igitoke**

nun
religieuse **umubikira**

wall
mur **uruhome**

U u

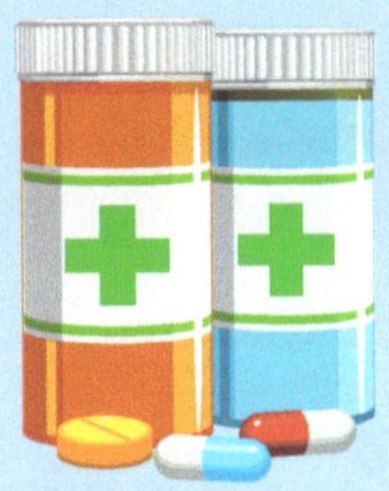

medicine
médicament **umuti**

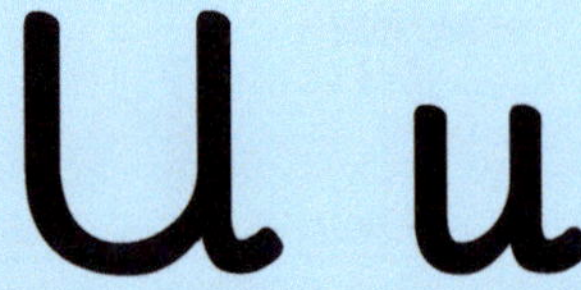

heart
coeur **umutima**

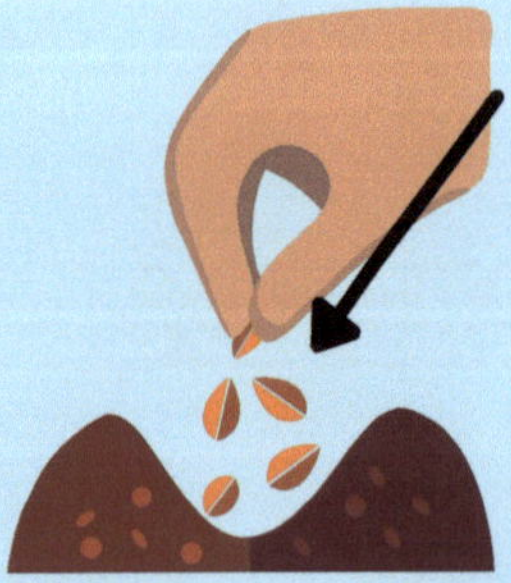

grain
graine **urutete**

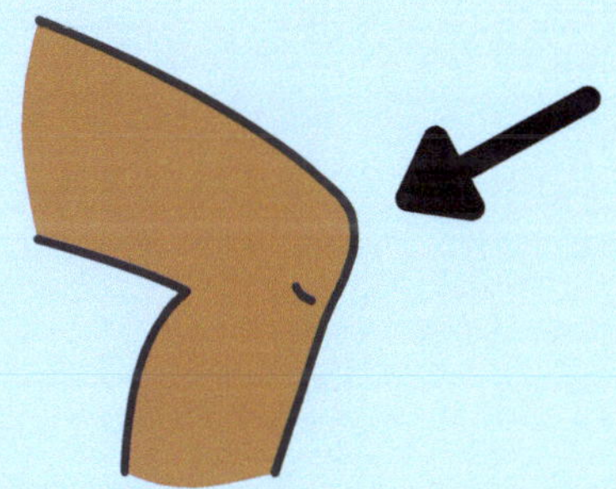

knee
genou **ivi**

avocado
avocat **ivoka**

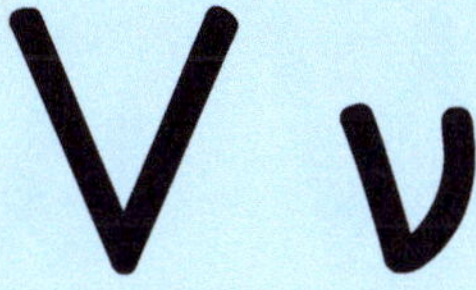

V v

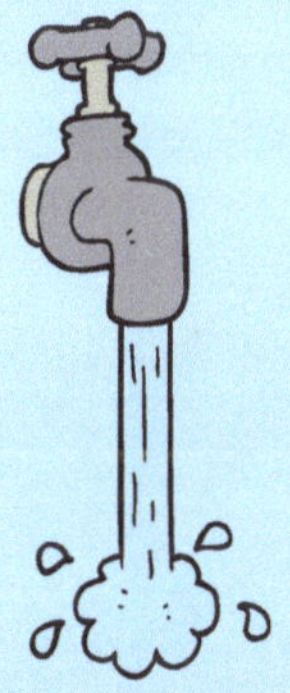

tap
robinet **ivomo**

wasp
guêpe **ivubi**

coffee
café   ikawa

W w

mum
maman   mawe

potato
pomme de terre ikiraya

notebook
cahier ikaye

Y y

bee
abeille uruyuki

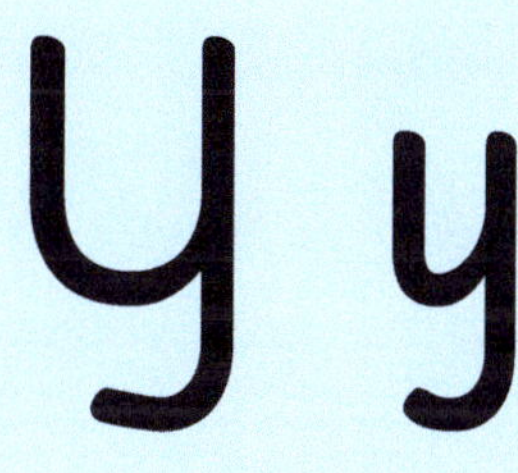

radio
radio iradiyo

tea
thé icayi

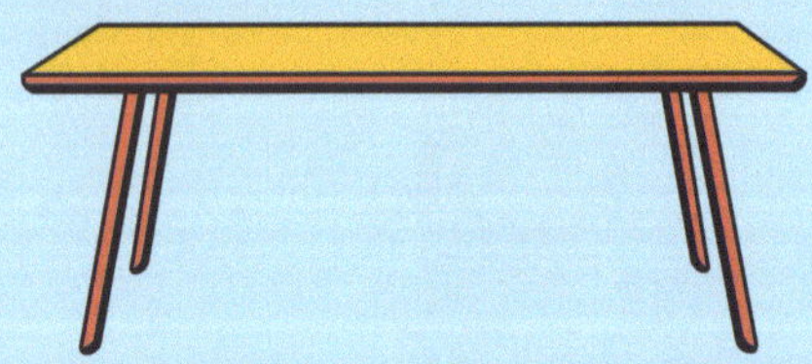

table
table

imeza

rope
corde

umugozi

Z z

sun
soleil

izuba

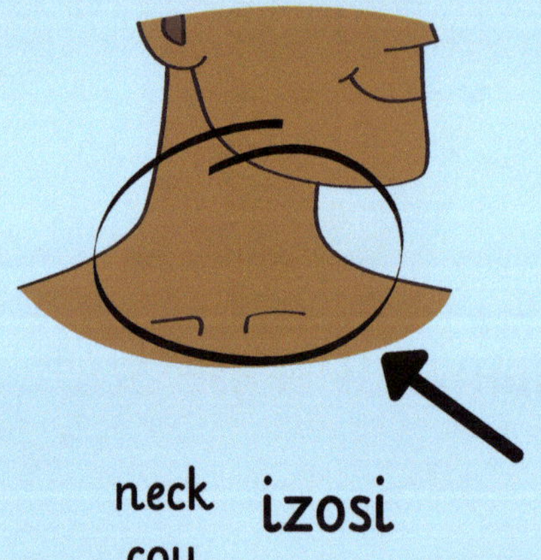

neck
cou

izosi

akabati - cupboard - armoire
akadede - pearls - perles
akayabu - cat - chat
amahaha - lungs - poumons
amahera - money - argent
amaraso - blood - sang
amarori - glasses - lunettes
amata - milk - lait
ibabi - leaf - feuille
ibakure - bowl - bol
ibarabara - road - route
ibiharage - beans - haricots
ibitaro - hospital - hôpital
ibuye - stone - pierre
icari - nest - niz
icayi - tea - thé
icirore - mirror - mirroir
icumu - spear - lance
icupa - bottle - bouteille
ifarasi - horse - cheval
ifero - calf - mollet
ifi - fish - poisson
ifuro - foam - mousse
igikere - frog - grenouille
igikopo - tin can - boîte de conserve

igitabo - book - livre
igitoke - green banana - banane verte
ihereni - earring - boucle d'oreille
ijerikani - jerrican - jerrican
ijoro - night - nuit
ijuru - sky - ciel
ikawa - coffee - café
ikaye - notebook - cahier
ikete - letter - lettre
ikigori - corn - maïs
ikinogo - hole - trou
ikirahuri - glass - verre
ikiraya - potato - pomme de terre
ikiyiko - spoon - cuillère
ikoti - coat - manteau
imetero - meter - mètre
imeza - table - table
imodoka - car - voiture
inoti - banknote - billet
inuma - pigeon - pigeon
ipera - guave - goyave
iradiyo - radio - radio
isaha - clock - horloge
isahani - plate - assiette

isekuro - mortar - mortier
isitimu - torch - torche
isuka - hoe - houe
itara - lamp - lampe
ivi - knee - genou
ivoka - avocado - avocat
ivomo - tap - robinet
ivubi - wasp - guêpe
iziko - fireplace - foyer
izosi - neck - cou
izuba - sun - soleil
izuru - nose - nez
mawe - mum - maman
uburiri - bed - lit
ukuguru - leg - jambe
umubikira - nun - religieuse
umuceri - rice - riz
umuco - light - lumière
umudari - medal - médaille
umuduga - car - voiture
umufuko - sack - sac
umugabo - man - homme
umugeni - bride - mariée

umugozi - rope - corde
umuhini - handle - manche
umuhogo - throat - gorge
umuhoro - sickle - faucille
umukate - bread - pain
umunara - tower - tour
umupatiri - priest - prêtre
umupira - ball - ballon
umusozi - mountain - montagne
umutaka - umbrella - parapluie
umutemere - cover - couvercle
umuti - medicine - médicament
umutima - heart - coeur
umutoto - banana leaf - feuille de bananier
urubaho - board - tableau
urugi - door - porte
uruhome - wall - mur
urupapuro - paper - papier
ururimi - tongue - langue
urutete - grain - graine
urutoke - finger - doigt
urutugu - shoulder - épaule
uruyuki - bee - abeille

Access the audio recordings of the
words by scanning this QR code.

Accédez aux enregistrements audios
des mots en scannant ce QR code.

In the same collection
Dans la même collection

My first picture book in Kirundi
Mon premier imagier en Kirundi
Amashushanyo y'amajambo y'Ikirundi
Lionel Kubwimana
Ndakunda Ikirundi

Action verbs in Kirundi
Verbes d'action en Kirundi
Amavuga mu Kirundi
Lionel Kubwimana
Ndakunda Ikirundi

Fruits and vegetables in Kirundi
Fruits et légumes en Kirundi
Ivyamwa n'imboga mu Kirundi
Lionel Kubwimana
Ndakunda Ikirundi

Animals in Kirundi
Animaux en Kirundi
Ibikoko mu Kirundi
Lionel Kubwimana
Ndakunda Ikirundi

I can count in Kirundi
Je peux compter en Kirundi
Ndashobora guharura mu Kirundi
Lionel Kubwimana
Ndakunda Ikirundi

www.ingramcontent.com/pod-product-compliance
Lightning Source LLC
LaVergne TN
LVHW071705180726
843512LV00002B/550